DAIKANYAMA SCENE

代官山景観写真集

撮影
梶山アマゾン
AMAZON KAJIYAMA

代官山ステキな街づくり協議会

CONTENTS

○ 本書『DAIKANYAMA SCENE』は、代官山のまちの魅力を見つけるこれまでの活動の成果として、代官山ステキな街づくり協議会（代スキ会）が企画・編集したものです。

○ 本書では「景観」に着目することで、ふだん何気なく見すごしがちなまちの魅力を再発見し、さまざまな開発で変化し続ける代官山の「いま」の風景を切りとって確かな記録として残すことを意図しました。

○ 本書に掲載されている写真は、2010年2月から2011年1月にかけて撮影されたものです。住民・来訪者とともに景観を考えるワークショップやタウンウォークを重ねるなかで撮影された写真から、代スキ会で掲載写真を選定しました。

○ 写真の構成・配列にあたっては、行きつ戻りつ、まちを気ままに散歩するような雰囲気を重視しました。それぞれの写真の説明や撮影ポイントは、巻末のPHOTO DATAと裏表紙折り返しのマップをご参照ください。

○ この写真集では、代官山の「景観」を、脚色を加えないありのままの姿として捉えています。ぜひ代官山を訪れた気持ちになって、あなたの「景観」を見つけてください。

巻頭言　槇 文彦（建築家）

私が代官山を中心とするこの地域をしったのは1960年代の終り頃、ヒルサイドテラスプロジェクトの関係で朝倉家を訪れた時である。当時の旧山手通りは朝倉家も含めて大きな屋敷町で、道に面した塀越しに樹齢数百年を超えるであろう鬱蒼とした緑がつくり出すスカイラインが印象的であった。

江戸から東京への唯一の名残りは地勢の起伏であるといってよい。その起伏も嘗ては急な傾斜地の多くでは人の手の入らない場所として雑木草に覆われていたが、やがてそれらも次第に家屋に浸食されていった。米国の都市計画家、ケヴィン・リンチは都市の視覚的要素として地勢の外に焦点（ランドマーク）、低層の家屋によって構成される粒子を挙げている。昨今の東京で圧倒的なランドマークは勿論スカイツリーだろう。しかし粒子となると各国、各地域、そして時代によってそれぞれ異なった特徴を持っている。東京も独特の粒子構成を持っている大都市のひとつに挙げられてよい。その家屋群は複雑な、時に迷路のように屈折した道沿いに知覚され、また思いがけない発見を人々に与えてくれる。この地区の道は旧山手通りと八幡通りに代表されるが、ここから時に開ける周縁への眺望はこの地域が嘗て高台であったことを教えてくれる。しかしその粒子は実にその様相、変化において様々だ。私の事務所のある鉢山町から、恵比寿ガーデンプレイスを経て東京都庭園美術館、五反田の自宅まで散歩がてらに帰る行路にはいくつもの選択があるが、どの道を選んでも道すがら見る粒子の様相は実にきめ細かく変化があり、また四季の移り変わりを感じることも出来ることがある。ドイツのような整然とした町並みの美しさと異なってそこには人の温もり、特に商いを営む人々の気持ちもゆっくりと伝わってくる。写真とはそうした五感の体験をある時点で一瞬のうちに視覚的にも固定化するものだ。我々は写真から何を読取ることが出来るのだろうか。それは時に我々の想像力を喚起する。スーザン・ソンダグは彼女の有名な「写真論」の中で「自分では何も説明出来ない写真は、推論、思索、空想への尽きることのない誘いである」と述べている。

よい例のひとつがある。この代官山では過去10年の間に「代官山インスタレーション」という公募制のアートインスタレーションを２年に一度行い、優れたものを顕彰してきた。その審査に立ち会ってきた一人として、優れた作品に出会う度に感じることは、この地域、ひいては都市というものは絶えず無数のメッセージを発信し続けているものであり、そのメッセージとの対話に鋭い感性を通して成功した時に、優れた作品としてあらわれるという事実である。

この写真集に収められた様々なこの地域の昼、夜の情景は単にこの地域への人々の愛情を示すだけでなく、それ等がより幅の広い対話の契機になることを願うのは私一人だけではないだろう。

50

CALPIS

コイン パーキング
NTT渋谷前
NTT Shibuya
がやまクリニック
3461-1510
代官山町
10
通学路
文

P
9-19
60分
パーキング チケット

YOGA
& Slow
Sign

LAWSON
STATION
酒・たばこ
BREO
BREO

自転車を除く

E.M.P
㈱榎本
マイクロポンプ製作所
すぐそこ
劇団ひまわり
シアター代官山
3476-2121
通学路
文
渋谷区

2F Women's
1F Men's
AL DEIRA cafe

nîmes
E

KENSINGTON WONDER LONDON
B.C STOCK
city outlet store
JOURNAL STANDARD
IÉNA
TOTALITÉ
DEUXIÈME CLASSE
simplicité
代官山歯科
止まれ

30
通学路

止まれ
yogajaya
www.yogajaya.com
手前曲る

17dixsept

デンマー
大使館
P
9-19
パーキング

鉢山町交番前
Hachiyamacho Koban

三井のリハウス恵比寿店
文

止まれ
止まれ

30
東京都の環境と交通に
やさしい共同配送事業
㈱エービーエクスプレス
ABexpress
D-VAN
92-08

P

西郷山公園前
Saigoyama Park

LEXUS

KATO
HD823

消火栓
三菱地所
代官山パークハウスギャラリー
直進 0120-733-231
新しい奈良が始まる。
開催されます
横持専用
GEAR

猿 楽 町
Sarugakucho

佛匠福井信生堂
Sarugakucho
かやま
クリニック

La Fuente
P
IN →
ADDRESS
Peacock

Lookinn CO.LTD
バス
止まれ

50
沢通り

TOKYU APARTMENTS
from Shibuya to
Espresso
Espresso Express
珈琲屋台
MOBILE CAFE
モトヤエクスプレス
品川41
か 81-98

TOKYO
BAPTIST
CHURCH

SALE
SALE
TIGER

5369
3
DAIKANYAMA BENTENDORI SHOUTENKAI

EGO TRIPPING
高さ制限

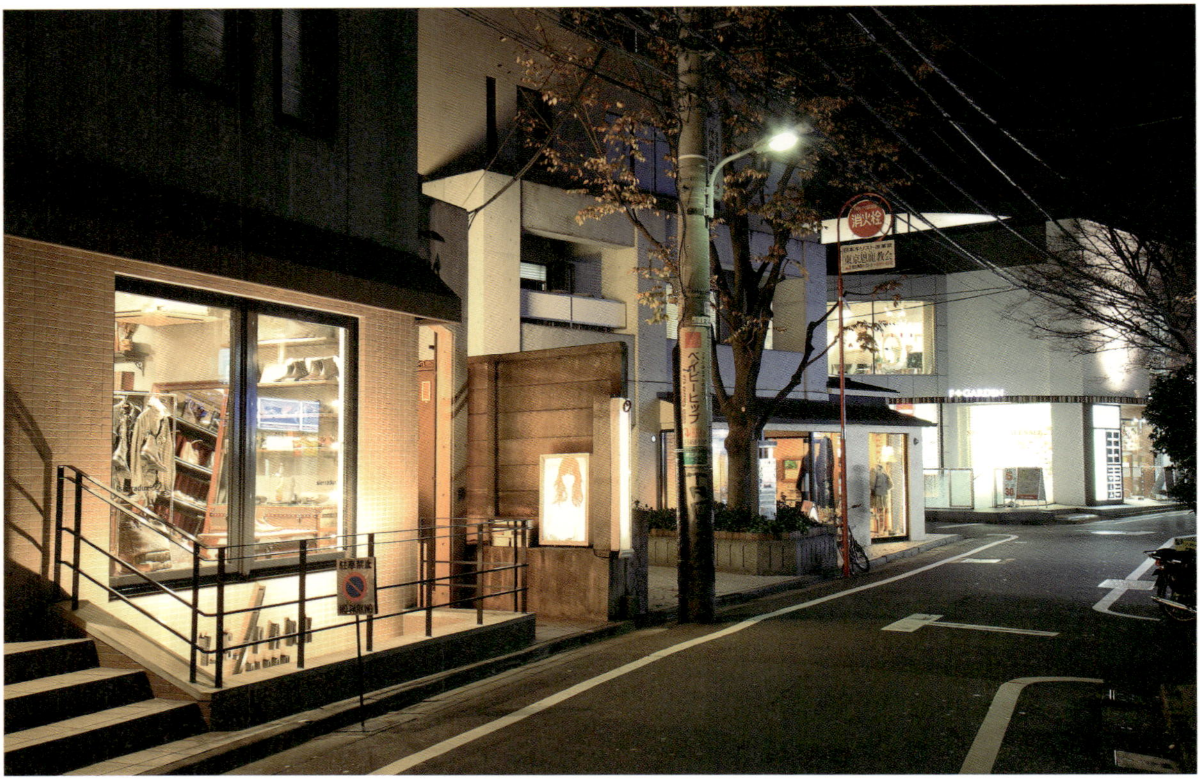
消火栓
日本キリスト改革派
東京恩寵教会
ベイビーヒップ
F+GARDEN

boy
Nails
REAL ESTATE
Sketch
郵便局
TISSERIE
ダブル ポイントウィーク!!
Chez Lui

ASO

Sign
ENTRANCE

KEDUTAAN BESAR MALAYSIA

30
クリニック

ART GALLERY

代官山そぞろ歩き

池内 紀（ドイツ文学者・エッセイスト）

若いころ一年あまり三軒茶屋に住んでいた。1960年代のことで、東急新玉川線というのが渋谷駅と結んでいた。名前は勇ましいが路面電車で、赤信号ごとに停車する。車がこみあってくるとノロノロとしか走れず、どうかすると歩いている人に追い抜かれる。きまって神泉の交差点で渋滞にぶつかり、気のせく人はとび下りて、駅に向かって歩き出した。

あとを追ってとび下りても、若さは気まぐれであって渋谷に向かうとはかぎらない。山手通りを左に折れると松濤、右に入ると代官山。どちらも坂道の多いお屋敷町であって、ブラつくのにちょうどいい。古風な西洋館を覆うように古木が枝をさしかけていて、幼いころに親しんだ江戸川乱歩の二十面相シリーズを思い出した。山高帽に黒い目かくしをつけた怪人が、いまにも窓辺にあらわれそうなけはいだった。

そんなふうにして代官山一帯を知ったわけだ。行政的には南平台町、桜丘町、猿楽町、代官山町と細分化されているが、山手線の西側から旧山手通りにかけてはダイカンヤマの通称でとおっていた。関東大震災のあとにつくられた同潤会代官山アパートがまだ健在で、ゆるやかな傾斜地に三一棟あまりが整然と並んでいた。近代日本が実現した集合住宅の一つであって、コンクリート造りの二階ないし三階建て。公衆浴場や食堂もそなわっている。建築史的には意味深い建物群だそうだが、シロウトの目にはただ古ぼけたアパートで、灰色がかったのが繁みにつつまれるように群がっていた。

同潤会が目をつけたのと同じころ、つまり大震災後に代官山は住宅地として開かれたのだろう。都心に近いわりに旧郡部の田園調の雰囲気をのこしている。起伏が多くて地形に変化がある。最初の区画割では300～400坪あたりが平均だったようで、1960年代には、まだおおかたが戦前そのままの敷地をもち、生け垣が美しかった。ばしょう、ひいらぎ、あおき、つげ。家ごとにちがうのは、初代が植え木にも工夫をこらしたせいだろう。怪人二十面相が狙う令嬢の住居というものだった。

1970年代の半ばに都立大学に職を得て、東横線で通勤する身となった。一つ目の駅が代官山、五つ目が都立大学。午後早く授業が終わると、むろんまっすぐ帰ったりしない。はからずもノロノロ玉電時代に知った一帯を、あらためてそぞろ歩きする機会ができた。

おりしも日本中がイロメキ立っていた。「所得倍増」を合言葉に、日本経済が戦後最初の高度成長に走りこんだころで、月給が一挙に倍になる。名実ともに新時代の到来であって、応じて旧来のもの、伝統的なものが一切合切「古くさい」として捨てられた。建築資材にサッシや合板、プラスチックが登場した。金まわりがよくなるやいなや古い家を壊して新建材で建てかえる。木の格子よりもアルミサッシ、漆喰壁ではなくて合板、黒い本瓦を捨ててカラースレート……。風格ある城下町も、趣深い宿場町も現代風に化粧直しをして、全国どこにでもある町になった。1970年代を境に、日本の家並みは一挙に安っぽくなり、醜くなった。

そんな風潮にあって、代官山の一帯は変わらなかった。閑静な住宅地として完成されていたので変わるにも変われなかったのかもしれない。急速に変貌する大東京にあって、ひっそりと戦前そのままの面影をのこしていた。古風な大谷石の門柱に旧字体の標札が納まっていて、静まり返った家並みが昨日と同じ良質の住環境を主張していた。

だがそれは、ほんのたまにやってきて、ブラブラと通り過ぎる目に見えただけで、きっとゆるやかな変化が進行していたのだ。というのは、たまたま仕事で人と会う必要が生じて猿楽町を訪ねたときのことだが、電柱のかげにのぞいている案内板で事務所のありかをたしかめたところ、家並みがこまかく区切ってあって、しかもあちこちがいびつにふくらんでいる。庭をつぶして息子や娘の家を建てたのだろう。旧書体の標札に小さくペンキで名前が書き足してある。おとなりは戦前からの当主が世を去って相続するにあたり、敷地の半分を処分したのか、古木の切り株の横にプレハブアパートができていた。

そのうち教師をやめたので東横線の往き帰りもなくなった。再度、いや三度目に代官山との縁ができたのは、「代官山ヒルサイドテラス」の手引きによってである。建築写真家の友人に誘われて旧山手通りを行きつ戻りつした。ちょうどA・B・C棟ができあがり、D・E棟にかかるあたりだった。これまでにおよそなかった長い期間にわたる集合住宅計画と聞いていた。それが着々と実現していく。全体はやわらかな白づくり。高台と繁みと斜面を巧みに利用して、かたちを変えながら全体としては統一ある造形美を生み出している。高さが抑えてあって、遊びのスペースが潤沢にとってある。

「これで採算が合うのかしら？」

友人と小声でささやき合ったりした。およそ金銭に縁がない同士が他の人のフトコロを心配していたわけである。

代官山が大きく、そして急速に変化したのは、1980年代後半から90年代にかけてだろう。いわゆるバブル景気の時代であって、二つの流れがはたらいた気がする。一つは雑然とした渋谷のとなりのおシャレな街であって、アーチストやデザイナー、建築家の卵、ブティック、ファッション関係者がやってきた。小さな駅の周辺に若者向きのカフェ、レストラン、アクセサリーの店、ギャラリーなどがつぎつぎとできていった。

もう一つの流れは不動産関係であって、戦前からの高級住宅地は高級マンションに打ってつけ。住人が代がわりするにあたっては相続税という大敵が待ちかまえている。地価がハネ上がるにつれ、敷地半分を処分してといったやり方では払いきれなくなった。玄関に「忌中」の貼り紙がしてあって、しばらくすると年代物の屋敷の取り壊しが始まるというケースがあいついで出てきた。つづくのが「建築計画のお知らせ」。同じく「代官山」と銘うち、同じカタカナ名をいただいても、「代官山ヒルサイドテラス」とちがって、こちらは突如としてあらわれた。鉄骨がみるみるうちにせり上がり、ミキサー車が列をつくってコンクリートを流しこみ、でき上がると「完売御礼」の垂れ幕。「高級」とうたうわりに敷地いっぱいに建てられていて、多少とも息苦しい。

大変貌期に一応のケリがついたのだろう。このところ代官山は落ち着いている。同潤会アパートが「代官山アドレス」として再生したように、新しい景観をやどした新しい町並みが定着したような気がする。

とにかく地形に恵まれている。「代官山」の名称については説がいくつかあってはっきりしないようだが、一帯が鉢山、鶯谷、桜丘などと命名されたのは、山林地だったからにちがいない。おのずと坂が多い。南平坂、かめやま坂、天狗坂、代官坂……。いたるところに坂がある。住む人には厄介かもしれないが、気ままな散策者には、景観に動きがあっていいものだ。

猿楽町の一角にある天狗坂は標示板によると、明治のころタバコで名を上げた岩谷松平にちなむという。号が天狗で、自社製品を「金天狗」「銀天狗」と命名。タバコは今も昔も売り上げの多くを税金に巻き上げられるが、岩谷商会はそれを逆手にとって、ハデなキャッチフレーズを採用した。

「驚く勿れ煙草税金三百万円」

奇抜なコマーシャル戦法が成功して、天狗タバコが大きくのびた。そんな商売上手の天狗が屋敷をかまえたところから「天狗坂」の名がついたという。

由来がわかると、さして古くないのだが、現代の八幡通りは江戸のころは丹沢の奥の大山参り道筋だったようで、道しるべの地蔵や庚申塔がのこされていて、天狗坂に古色をそえているのだった。

代官山には伝統とモダンがエリアごとに比率をかえながら共存している。木立ちに囲まれた日本建築と、昭和初期の洋館を改造したレストランと、外壁に最新のイタリアタイルをあしらったマンションとが三連星のように居並んでいても、さして異和感を覚えないのは、現代日本の精神風土に応じているからだろう。人間の暮らしの場であるかぎり、街並みは必ず時代の精神を映し出すからだ。

坂を上がり下がりするたびに、微妙に景観が変わっていく。モダンに徹した界隈にも、少々のとぎれめに昔ながらの一角がのこっていて、何かしら懐かしい。記憶がしみついているからで、代官山には思い出のモザイクがちらばっている。思い出のない人間がただのロボットとすると、記憶のない町はのっぺらぼうの空間にすぎない。代官山一帯は個性ゆたかな過去をもっている。大山講のグループがワヤワヤと通っていった時代、もの静かな戦前の住宅地の時代、お屋敷がマンションにとって代わられる時代——。古い家が壊され、古い文化が捨てられても、記憶が色こくまといついてモダンを染めわける。

代官山ヒルサイドテラス近辺を歩いた人なら知っている。棟と棟のあいだに「猿楽塚」とよばれる古墳があって、上に神社が祀られている。大型ブルドーザーならひとすくいで消滅させる小ささだが、テラスに救われて塚がグンと大きくなったぐあいなのだ。近くにはまた「右大山道／左祐天寺道／南無阿弥陀仏」としるした文政年間の道しるべが道のべに控えている。ここには風景が小さな秘密を隠している。代官山は、そぞろ歩きをしながら宝探しができるのだ。

01 PAGE **05**

代官山ショップの老舗、
ランチマーケット

MAP **H-08** 2010/09/25

02 PAGE **06**

八幡通りからみる
ひまわり坂の中央分離帯

MAP **F-08** 2010/05/02

03 PAGE **07**

八幡通りの風景

MAP **D-08** 2010/06/24

04 PAGE **08-09**

旧山手通りの木々と
ヒルサイドテラス

MAP **H-07** 2010/11/10

05 PAGE **10-11**

代官山駅前の昼下がり

MAP **G-09** 2010/11/10

06 PAGE **13**

西郷山公園の木陰からみる
住宅群

MAP **H-04** 2010/09/25

07 PAGE **14**

七曲りの路地のショップと
しゃれた石畳

MAP **F-07** 2010/06/24

08 PAGE **15**

青葉台の尾根道にある
ユニークな住宅

MAP **H-04** 2010/09/25

DAIKANYAMA SCENE PHOTO DATA

○写真の番号とMAP位置表示は、巻末・表紙内側の地図に対応しています。
○地図上のポイントは、撮影したポイントを示しています。
○撮影ポイントには、私有地や建物の屋上など、権利者の許可なく立ち入れない場所も含まれています。

09 PAGE **16-17**

恵比寿西から
代官山踏切へ

MAP **E-09** 2010/04/06

10 PAGE **18**

代官山駅脇からみる
木造住宅とショップと
代官山アドレス

MAP **G-09** 2010/11/10

11 PAGE **19**

旧山手通り裏の
路地の風景

MAP **H-08** 2010/11/10

12 PAGE **20**

代官山駅前通りから
八幡通りへ

MAP **G-09** 2010/05/25

13 PAGE **21**

西郷山公園脇の坂下からみる
高級住宅群

MAP **I-03** 2010/09/25

14 PAGE **22**

内記坂から
代官山駅方面角にみる
昭和初期の木造住宅

MAP **F-10** 2010/11/10

15 PAGE **23**

代官山アドレスの広場

MAP **F-09** 2010/11/10

16 PAGE **24-25**

低層の街並みと
樹木に縁どられた旧山手通り

MAP **H-07** 2010/10/26

17 PAGE **26**

青葉台のツタのからまる
住宅と高層タワー

MAP **I-03** 2010/11/10

18 PAGE **27**

鉢山交番前の渋谷方面をみた
交差点の状景

MAP **F-04** 2010/05/25

19 PAGE **29**

鬱蒼とした暗闇坂から
代官山方面へ

MAP **H-08** 2010/05/25

20 PAGE **30**

恵比寿西の閑静な住宅街から
代官山アドレスをみる

MAP **F-11** 2010/11/10

21 PAGE **31**

ヒルサイドテラスから
見上げた旧猿楽塚の樹木群

MAP **H-08** 2010/11/10

22 PAGE **32**

旧山手通りに
まっすぐ向かう細い路地

MAP **G-07** 2010/12/10

23 PAGE **33**

代官山の代表的なショップ
「ビームス」と「蔵」

MAP **G-08** 2010/11/10

24 PAGE **34**

前面に樹木を構える
東横線脇のマンション

MAP **E-10** 2010/05/25

25 PAGE **35**

南平坂から
亀山坂の交差点にそびえる
楠の大木

MAP **F-04** 2010/05/25

26 PAGE **37**

猿楽町の路地

MAP **G-07** 2010/06/24

27 PAGE **38**

代官山の貴重な文化財、
旧朝倉邸と庭園

MAP **H-08** 2010/06/24

28 PAGE **39**

キャッスル通りから
八幡通りへのぼる小径

MAP **E-09** 2010/05/25

29 PAGE **40**

七曲りの路地、
植木鉢と猫

MAP **F-07** 2010/06/24

30 PAGE **41**

旧山手通りに向かう
ひばり坂沿道の邸宅街

MAP **I-06** 2010/04/06

31 PAGE **42**

七曲りの路地の
曲がり角

MAP **F-07** 2010/12/10

32 PAGE **43**

西郷山公園脇から
旧山手通りを抜ける
馬車道通り

MAP **I-05** 2010/11/10

33 PAGE **45**

旧山手通りを
俯瞰する

MAP **H-09** 2010/12/10

34 PAGE **46-47**

中目黒アトラスタワーより
代官山方面を俯瞰する

MAP **K-10** 2010/12/10

35 PAGE **48**

ノースウェスト航空社宅跡地
（旧徳川邸）の造成工事

MAP **H-07** 2010/02/23

36 PAGE **49**

旧奈良県渋谷寮
（i スタジオ）前

MAP **H-09** 2011/01/10

37 PAGE **50**

猿楽町交差点から渋谷の
セルリアンタワー方面をみる

MAP **E-07** 2010/10/18

38 PAGE **51**

ヒルサイドテラス
G 棟屋上からみる
渋谷のスカイライン

MAP **H-07** 2010/10/26

39 PAGE **53**

猿楽町交差点から
代官山アドレス方面をみる

MAP **E-07** 2010/04/06

40 PAGE **54**

八幡通りの
エレクトリックひまわり

MAP **G-08** 2010/08/05

41 PAGE **55**

ひまわりガーデン代官山坂
（代官山アドレス横の
都市計画道路）

MAP **E-09** 2010/08/05

42 PAGE **56**

代官山駅前の
マンションの間にみる空

MAP **F-10** 2011/01/10

43 PAGE **57**

八幡通りの高層ビルと
ファッションビルの
間にのぞく空

MAP **G-09** 2011/01/10

44 PAGE **58**

JR から東横線をくぐる
弁天通り入口

MAP **C-09** 2010/05/06

45 PAGE **59**

鎗ケ崎交差点から
代官山方面をみる

MAP **H-10** 2010/10/16

46 PAGE **60**

代官山駅前の
立ち飲みカフェ

MAP **G-09** 2011/01/10

47 PAGE **61**

旧山手通りの樹木に隠れる
ヒルサイドテラス

MAP **H-07** 2010/09/25

48 PAGE **62**

バプテスト教会の
樹影

MAP **H-05** 2010/11/10

49 PAGE **63**

代官山の中心部から
大橋方面を俯瞰する

MAP **F-08** 2010/10/18

50 PAGE **65**

路地裏の夜の
ショップ群

MAP **G-08** 2010/12/10

51 PAGE **66-67**

キャッスル通りの
夜景と東横線

MAP **F-09** 2010/12/10

52 PAGE **68**

代官山の夜の
小規模ショップ群
（ビームスタウン）

MAP **G-08** 2010/05/25

53 PAGE **69**

夜のヒルサイドカフェと
中庭

MAP **H-07** 2010/12/10

54 PAGE **71**

駅からの人道橋からみる
代官山アドレスの夜景

MAP **F-09** 2010/12/10

55 PAGE **72**

駅前通りの
夜の風景

MAP **G-10** 2010/12/10

56 PAGE **73**

夜の店舗（シェ・ルイ）と
樹木

MAP **G-08** 2010/12/10

57 PAGE **74-75**

カフェ・ミケランジェロと
レストラン ASO の夜景

MAP **H-07** 2010/04/26

58 PAGE **77**

西郷橋からみる
レストラン（マダム・トキ）

MAP **H-05** 2010/04/26

59 PAGE **78**

代官山駅前、
夜のカフェテラス

MAP **G-09** 2011/01/10

60 PAGE **79**

代官山駅前の
夜の風景

MAP **G-09** 2010/12/10

61 PAGE **80**

広々とした西郷山公園の
芝生と散策路

MAP **H-04** 2010/04/06

62 PAGE **81**

仮囲いに囲まれた開発予定の
NTT 社宅跡地

MAP **G-06** 2010/02/23

63 PAGE **82**

南平台の新日鉄公館敷地内の
樹木と駐車スペース

MAP **F-03** 2010/10/18

64 PAGE **83**

旧山手通りからみる
マレーシア大使館の
ファサード

MAP **H-03** 2010/07/31

65 PAGE **85**

猿楽公園沿道から
うぐいす住宅建替え工事現場
方面をみる

MAP **E-07** 2011/01/10

66 PAGE **86**

旧山手通り、
マレーシア大使館から
代官山駅方面へ

MAP **G-03** 2010/02/23

67 PAGE **87**

西郷橋から
セルリアンタワー方面をみる

MAP **H-04** 2010/04/06

68 PAGE **88-89**

中目黒アトラスタワーから
のぞむ代官山地域の全貌

MAP **K-10** 2010/12/10

切り撮とられた代官山の風景を読む

加藤仁美　（代官山ステキな街づくり協議会／東海大学教授／都市計画）

「景観」という概念には、深い意味と多義性が含まれています。つまり、「地域」の生活や文化•歴史を積み重ね育んできた生活景と、それらが目にみえる姿として表われた「風景」との両方の意味が込められています。

この写真集は、代官山ステキなまちづくり協議会で、地域の方々と重ねてきたワークショップや写真家の方と一緒に街を俯瞰したり、街を歩いたりしたタウンウォークを踏まえて、生み出されたものです。しかしながら、参加した地域の皆さんが、魅力や愛着を感じている風景、いわゆる地域の景観資源を写し出したものではありません。

この写真集は、客体としての代官山の風景や場面を切り取ったものです。写真の場に身を置いて、代官山の空気を感じてほしいという意図で、編集されています。客観的で冷静な視座にたち、日常のさりげない風景を切り取っています。ぱらぱらとすべての頁をめくることによって、代官山の動態的魅力を読み取り、2010年の代官山の今、ありのままの姿を感じとっていただきたいのです。

では、地域や来街者が、大切にしたいと感じている景観とは、どんなものでしょうか。ここでは、景観ワークショップ等で景観価値として共有できた代官山の景観構造や景観要素を紹介したいと思います。

その前に、まず、歴史的に積み重ねられてきた風景の特性、景観の構造を理解するために、代官山地域の成り立ちについて、把握しておきましょう。

代官山地域の文脈：地理的・歴史的位置づけ

代官山地域は、武蔵野台地の東端に位置し、渋谷川と目黒川にはさまれた枝谷の複雑な地勢をもっています。明治・大正期を通じて、目黒川の低地への崖線尾根部分（現在の旧山手通り）に江戸時代に開削された三田用水が流れ、都心と郊外を分ける境界線となっていました。

明治末期までに、山手線（1885年）や玉川電車（1907年）等が開通し、渋谷駅を中心に大山街道沿いに市街地が広がります。代官山地域では、周辺に練兵場や火薬製造所等の軍施設が設けられていたため、軍・官・財界人の邸宅が多く立地しました。大正期にはいると、東京の郊外地としての進展をみせ、関東大震災後はさらに宅地化が進みます。邸宅や町営住宅が建てられ、府立商業高校（第一商業高校）が地元有志により誘致（1918年）され、旧山手通りも地元地主の用地提供により敷設・拡幅されます。

昭和初期には、東横電鉄・玉川電鉄（1927年）等の私鉄各路線が整備され、代官山地域でも一層の住宅地化が進み、震災復興後の罹災者への住宅供給を目的に設立された同潤会による代官山アパート（1927～30年）が建設されます。

戦後は焼け野原と化した中で、渋谷駅周辺は戦災復興区画整理、恵比寿では組合設立による土地区画整理事業により、整備が行なわれますが、代官山地域は、これらに囲まれたエリアで、焼失地も少ないことから、ほぼ明治以来の地形と道路の基盤の上に市街化が展開します。高度経済成長期には、首都高速道路3・4号線と国道246号線（青山通り等）の拡幅・整備などの渋谷駅を拠点とする都市化の波の中で、代官山地域では大規模な邸宅地が大使館や公園、社宅、住宅団地や高級アパート・マンション等に変わります。

また、旧山手通りには、1969年から四半世紀という長い時間をかけて、ヒルサイドテラスの建物群がつくられました。そして、1980年代まで住居・業務・商業のバランスのとれた街が形成され、その後も、同潤会アパートやヒルサイドテラスを中心に緩やかに変化を遂げてきました。

代官山地域における用途地域の変遷をたどると、現在にいたるまで、ほぼ全域が住居系の用途地域であったことが、閑静な街並みの形成に寄与したといえるでしょう。

2000年に、同潤会アパートは、再開発事業により代官山アドレスという超高層ビルに建替わり、これを契機に、代官山駅を中心に多様な業種の商業施設の建設が広がりました。また、更新の時期を迎えたマンションや社宅、住宅団地が、新たな土地利用に転換しつつあります。

代官山地域の景観価値や環境を継承していくためには、これらがどのような空間に生まれ変わるのかが、大きな鍵となるでしょう。

代官山地域の景観価値とは

タウンウォークやワークショップで魅力ある景観として抽出された景観要素としては、代官山の地形を表す街の骨格（大通り、道路、小道、路地、坂、階段、曲がった道）、建物等で構成される街並み（建物の佇まい、敷地、外構、アプローチ、沿道の樹木や植栽）、そして、緑や自然（樹木、植栽、公園等のオープンスペース）があげられました。これらの要素は組み合わされて、認識されています。

さらに、目に見える街並み景観、地域の生活や来街者のアクティビティと関係の深い風景（生活景）、そして、昔の街の記憶を彷彿させる風景（原風景）という、表層（目に見える景観）から深層（目に見えない生活や記憶と関わる景観）にいたる重層性をもった構造になっています。

個人がもつ景観に対する評価や価値は、住民か来訪者か、古くから住んでいる人か、新規に転入してきた人かなど、街とのかかわり方によって異なります。

代官山の景観価値を俯瞰するために、ワークショップ等で選定された景観のキーワードの例を、地形・骨格・自然という景観要素と街並み・生活景・原風景という軸で、一覧にしてみました。

これを参考にしながら、代官山の街を歩いてみてみましょう。

		街並み		生活景		原風景	
地形	坂・階段	代官山坂（ひまわり坂）	青葉台の高級マンション群	青葉台の階段のある坂道	西郷山公園の変化のある階段	代官山駅前の時間を重ねた風景	西郷山公園の滝水
	カーブ	西郷橋からみた切通し	代官山アドレス周縁のカーブした道	カーブを描く鬱蒼とした緑の暗闇坂	アネックス前の地蔵と祠	ヒューマンな三田用水跡の空間	
		街並み		生活景		原風景	
骨格	大通り	旧山手通り：街路樹で隠れたヒルサイドテラス	代官山アドレス前の歩道	ヒルサイドカフェ前の中庭	大通り沿いのカフェ	ヒルサイドウェストの通り抜け空間	
	路地・小道	シェ・リュイ脇の小径	路地裏のお洒落なショップ	地形を感じる路地	小さな階段のある路地の景観	アドレス裏の小径	七曲り路地の保存樹木
		街並み		生活景		原風景	
自然	樹木	建物の隙間を覆う大きな樹木	ヒルサイドテラスA棟隅の大木	大きな樹木とレストラン	鉢山交番前のランドマークの大木	旧社宅をリノベーションしたカフェ・レストラン（旧徳川邸）	巨大な樹木に覆われたカフェ・レストラン（旧岩崎邸）
	植栽	路地のショップと植栽	閑静な住宅地の路地の緑	木造家屋の普通の緑	南平坂のマンションの緑	ゆったりとした敷地の贅沢な邸宅	旧邸宅を活用したクラブハウス

※以下、（　）の数字はPHOTO DATA（P.90～）の番号に対応します。

代官山駅周辺の街並み

代官山駅の改札口を出た瞬間から、新旧の混在した街並みが広がります。

駅前（05）には大木を抱えたショップやしゃれたガラス貼りのショップとその向こうに、代官山アドレスが見えます。駅前の立ち飲みカフェ（46）の裏には、木造家屋もあり（10）、この街の時間の奥行を感じることができます。八幡通りに向かって歩くと、左の角に今は使われていない旧奈良県渋谷寮（36）があります。

駅から、まちの骨格にあたる八幡通りを抜けて、旧山手通りに出てみましょう。

旧山手通りには、セレクトショップ元祖の老舗のショップ（01）があるかと思えば、白く軽やかなヒルサイドテラスの建物群（04）が緑の並木とともに、静かに現れます。旧山手通りの空は広く、低層の街並み（16）（47）（48）とこんもりとした緑の旧猿楽塚（21）、豊かな枝ぶりの欅の大木を背景にしたレストランや大使館、そして、建物の間に樹木とともに設けられた中庭や広場、通り抜けが、ゆったりとした空間と時間を織りなしています。

旧山手通りの両側（66）には、戦前まで大きな屋敷地が構えられ、これらが学校や公園、大使館（64）や社宅になっていった文脈の名残が息づいています。

旧徳川邸跡のノースウェスト航空（35）やNTT社宅跡地（62）では、今新しい街並みが生まれようとしています。

旧山手通り両側の青葉台と鉢山町

西郷山公園（61）と菅刈公園は、旧西郷従道邸跡にできた公園で、目黒側の街並みをパノラマのように眺望できる開放的な公園です。尾根筋にあたる旧山手通りを背骨にして、南斜面に広がる青葉台には、閑静な高級住宅群（06）（8）（13）（17）が、地形に沿って様々な表情をみせています。

西郷橋（67）下の切通しには、青葉台から旧山手通りを抜けて鉢山交番方面に向かう馬車道通り(32)が、カーブを描きながら斬新な街並みを創っています。鉢山交番前の交差点（18）（25）には楠の大木がランドマークのようにそびえ、都立一商にむかう亀山坂は緑のトンネルになっています。近傍には、旧邸宅をクラブハウスとして活用した敷地が、当時の邸宅地の雰囲気を醸し出しています。

代官山駅方面へ戻ると、ヒルサイドテラスの裏手の大きな森のような庭園に気づきます。ヒルサイドテラスのオーナーの旧邸宅地（27）で、戦後国の迎賓館となり競売にかかるところ、地元の署名活動が功をなし、今は重要文化財に指定され地域に開放された貴重な空間です。庭園の脇は、中目黒と繋がる鬱蒼とした樹木に覆われた暗闇坂（19）があります。

代官山地域の変化に富む地勢と歴史の深さを感じさせる空間が、散りばめられているのです。

八幡通りと路地裏のそぞろ歩き

八幡通りの街並み（43）（03）は、近年大きく変わりつつあります。沿道のマンション等が建て替えの時期を迎え、多くが商業施設に変化しています。

代官山アドレス前のエレクトリックひまわり(40)のある歩道空間から、八幡通りを渡り、旧山手通りと八幡通りの二つの大通り裏の小径や路地(11)(22)(26）と、これに面したお洒落なショップ（23）が、若者の人気を集め、代官山を散策して楽しむ大きな魅力となっています。

猿楽小学校の裏手には、七曲りと呼ばれる路地があり､曲るごとに店舗（7）（31）やふつうの住宅（29）が、それぞれの表情をみせています。路地の真ん中には区で第一号の保存樹木が残されています。代官山町のキャッスル通りから、八幡通りに続く階段状の小径（28）は、地域にも来街者にも好まれています。

路地裏は、住宅と瀟洒な店舗によるヒューマンなスケールと想い想いの演出が相まって、愛着の湧く生活感のある空間になっています。

このような路地構成をもつ街区の角に位置する猿楽町交差点（37）（39）近くの鶯谷町（65）では、大規模な住宅団地と社宅の建て替えが行われ、緑豊かなオープンスペースは失われて、閉鎖的な超高級マンションに生まれ変わりました。

代官山アドレスから恵比寿西へ

同潤会アパートが建て替わった代官山アドレスは、周辺に広い歩道や公園、通り抜けのできる広場(15)をもっています。建て替えと同時に整備した都市計画道路（代官山坂）の中央分離帯は、夏には地域の人たちで植えたひまわりが満開になり、いつのまにかひまわり坂（41）と呼ばれるようになりました。

代官山踏切（09）をわたると、東横線の向こう側には、閑静な住宅街（20）（24）が広がっています。内記坂を通って、代官山駅の裏側のショップもめぐることができます。

代官山の風景と場所性を簡単にご紹介しましたが、これにこだわらず、まず、この写真集を片手に、自由に代官山の街を歩いてみてください。

お洒落な街として知られる代官山も､実は､ふつうのまちであることに気づくのではないでしょうか。都市の景観とはそういうものであるのかもしれません。この写真集は、むしろ記録としての代官山の日常風景だと捉えるべきでしょう。

それにしても、代官山という街が、これからも、古いものと新しいものが混在し、時間の感じられる奥行きの深さ、変化や多様性を受け入れる懐の大きさを､感じとれる街であることを願ってやみません。

梶山アマゾン

1979年広島県生まれ。都内写真スタジオでスタジオマンとして3年間勤務したのち写真家ホンマタカシ氏に3年間師事。2009年よりフリーカメラマンとして独立。
http://www.mountains.jp/amazon/

代官山ステキな街づくり協議会

代官山は、住まい・お店・オフィスがバランスよく共存し、誰もが認める品格ある街並みと、都市的な魅力をそなえたステキなまちです。代官山ステキな街づくり協議会（代スキ会）は、この「代官山のステキ」を維持し、これまで以上に住みやすく働きやすいまち、たくさんの出会いと発見のあるまちにしていくためのネットワーク組織です。

代官山景観写真集

DAIKANYAMA SCENE

2011年4月30日　初版第1刷発行

定価：1800円＋税

編集・発行：代官山ステキな街づくり協議会

撮影：梶山アマゾン

寄稿：槇文彦
池内紀
加藤仁美

協力：東海大学工学部建築学科都市計画研究室

ブックデザイン：小野英作

発売：現代企画室
東京都渋谷区桜丘町15-8　高木ビル204
Tel. 03-3461-5082　Fax. 03-3461-5083
http://www.jca.apc.org/gendai/

印刷・製本：株式会社真興社

ISBN978-4-7738-1106-3 C0072